AF463145

VENTE A PARIS

Le Vendredi 16 Juin 1922

Hotel Drouot, Salle n° 8

Collection J. D.

Monnaies Françaises

JETONS

COMMISSAIRE-PRISEUR :
Me Maurice CARPENTIER
Succr de Me BOUDIN
1[illegible], rue de la Grange-Batelière

EXPERT :
M. Étienne BOURGEY
7, rue Drouot, 7

PARIS

Collection J. D.

Monnaies Françaises

JETONS

VENTE AUX ENCHÈRES PUBLIQUES

A PARIS, HÔTEL DES COMMISSAIRES-PRISEURS, RUE DROUOT, 9

SALLE N° 8

LE VENDREDI 16 JUIN 1922

A DEUX HEURES PRÉCISES

COMMISSAIRE-PRISEUR :
Me MAURICE CARPENTIER
Succr de Me BOUDIN
14, Rue de la Grange-Batelière

EXPERT :
M. ETIENNE BOURGEY
7, Rue Drouot, 7

PARIS

Exposition particulière :

Du 12 au 15 Juin 1922, chez M. Etienne Bourgey, expert, 7, rue Drouot. (Téléphone : Central 74-63).

La vente aura lieu au comptant.

Les acquéreurs paieront 17,50 pour cent en sus des enchères.

L'authenticité des pièces est garantie.

M. Etienne Bourgey, 7, rue Drouot, se charge d'exécuter les commissions qui lui seront confiées.

L'ordre du catalogue sera suivi. L'expert se réserve le droit de diviser ou réunir les lots.

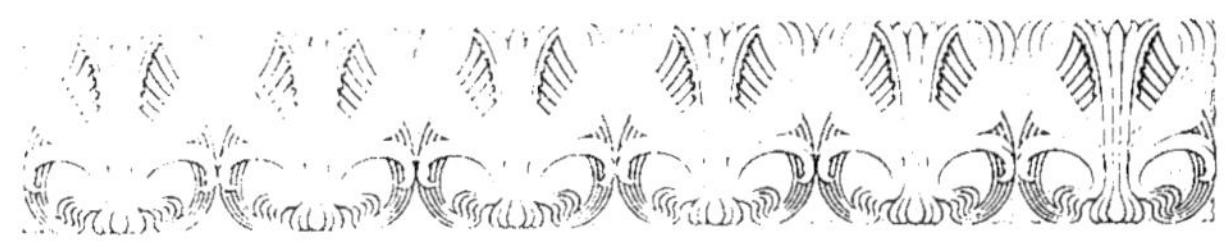

MONNAIES FRANÇAISES

1 **Charlemagne**. *Melle*. Denier. 2 p. Arg. TB.

2 **Louis le Débonnaire**. *Dorestadt*. Denier. Arg. TB. Rare.
Voyez planche.

3 Deniers au Temple. 4 p. *Melle*. Denier. Ens. 5 p. Arg. B. et TB.

4 **Charles le Chauve**. *Angers*. *Le Mans*. *Orléans*. Deniers. *Melle*. Denier et obole. Arg. 5 p. TB.

5 *Sens* — SENONES CIVITAS. Denier. Arg. B.

6 **Charles le Gros**. *Nevers*. **Eudes**. *Limoges*. *Toulouse*. Deniers. **Charles le Simple**. *Melle*. Den. et obole. — Ens. 6 p. Arg. B. et TB.

7 **Lothaire**. *Bourges*. Denier au Temple. Arg. 2 p. TB.

8 **Hugues Capet** et *Herivée de Beauvais*. **Philippe I**. *Senlis*. Deniers. Bill. 2 p. B.

9 **Louis VI**. *Orléans*. *Chateau-Landon*. *Paris*. **Louis VII**. *Mantes*. **Philippe II**. *Arras*. *Laon*. **Louis VIII**. *Paris*. **Louis IX**. Gros et deniers. — Ens. 12 p. Arg. et Bill. B. et TB.

10 **Philippe III**. *Masse*. Le roi, assis sur un trône décoré de têtes de lion, tient un lis et un sceptre. H. 3. Or. TB. Très rare.
Voyez planche.

11 *Gros tournois*. H. 5. *Denier* et *oboles*. — Ens. 4 p. Arg. et Bill. B. et TB.

12 **Philippe IV**. *Masse*. Dans une rosace, le roi assis tenant un lis et un sceptre. H. 4. Or. TB. Rare. *Voyez planche*.

13 *Gros*. H. 4. 5. *Mailles*, 7. 9. *Double tournois*. 23. *Bourgeois*, 26, 28. *Obole*. 30. Arg. et Bill. — Ens. 11 p. B. et TB.

14 **Louis X**. *Deniers*. **Philippe V**. *Gros*. 2. *Maille*. 7. **Charles IV**. *Gros*, 5. *Maille*. 7. *Double*. 10. *Denier*. 16. Arg. et Bill. — Ens. 9 p. B.

15 **Philippe VI**. *Royal*. Le roi debout de face. H. 1. Or. B.

16 *Écu*. Le roi assis; à sa gauche, écu. H. 3. Or. TB.

17 *Pavillon*. Le roi assis sous un pavillon. H. 8. Or. TB. Rare.
Voyez planche.

18 *Ange*. Sous un dais, ange aux ailes éployées tenant l'écu fleurdelisé et une croix. H. 12. B. Très rare. *Voyez planche*.

19 *Chaise*. Le roi assis sur un siège gothique. H. 14. Or. B. Rare. *Voyez planche*.

20 *Gros à la queue*. 22. Arg. *Denier*. 35. Bill. *Gros tournois*, cuivre. - Ens. 3 p. B. et TB.

21 **Jean le Bon**. *Mouton*. IOH. REX. Agneau. H. 5. Or. B.

22 *Royal*. IOHES, etc. Le roi deb. sous un dais. H. 8. Or. TB. *Voyez planche*.

23 *Franc à cheval*. Le roi à cheval, l'épée haute. H. 10. Or. B.

24 *Florin*. St Jean debout. ℟. Lis. H. 11. Or. B.

25 *Gros blanc à la queue*. 19. *Grand blanc au lis*. 31. *Gros denier blanc*, 32. *Gros patte d'oie*. 49. *Petit tournois*. 71. Bill. 5 p. B.

26 **Charles V**. *Franc à pied*. Le roi deb. sous un dais. H. 2. Or. B.

27 *Florin du Dauphiné*. St-Jean. ℟. KROL. DPHS. V. Lis. Poey d'Avant 4890. Or. B.

28 *Gros Tournois*. 6. *Blanc au K*. 7. *Gros Delphinal* 13. Arg. et Bill. 3 p. TB.

29 **Charles VI**. *Ecu*. Ecu de France. H. 1. Or. B.

30 *Agnel*. K. F. RX. Agneau. ℟. Croix cantonnée de quatre lis. H. 3. Or. TB.

31 — Autre exemplaire. TB.

32 *Gros tournois*, 11, 14. *Gros aux lis*, 15. *Florette*, 17. *Guénards*, 22. *Demi-guénard*, 26. Arg. et Bill. — Ens. 7 p. B. et TB.

33 **Henri V**. *Double tournois*, 11. **Henri VI**. *Blanc*, 6. *Gros de Calais*. Arg. et Bill. — Ens. 3 p. B. et TB.

34 *Salut*. L'Annonciation. Rouen. H. 3. Or. TB. *Voyez planche*.

35 — Autre. Paris. Or. B.

36 **Charles VII**. *Ecu*. Ecu de France entre deux lis. H. 6. Or. B.

37 *Royal*. Le Roi deb. vêtu d'un long manteau. H. 9. Or. TB.

38 *Grande Plaque*. 12. *Blanc au K*, 18. *Gros de Roi*. 21. Arg. et Bill. 3 p. B. et TB.

39 *Grand blanc*, 36. *Blanc aux lis*, 39. *Petit blanc aux lis*. 43. *Patard du Dauphiné*, 71. Bill. 4 p. B. et TB.

40 **Louis XI**. *Ecu*. Ecu de France entre deux lis cour. H. 4. Or. TB.

41 *Blanc à la couronne*. 15. *Blanc au soleil*. 19. *Denier*. 33. *Liard du Dauphiné*, 36. Bill. 5 p. B. et TB.

42 **Charles VIII**. *Ecu au soleil*. Tours. H. 2. Or. B.

43 *Douzain de Bretagne*. 13. *Karolus*. 19. *Petit Karolus*. 21. *Karolus du Dauphiné*. 22. *Denier*. 30. *Parisis*. 35. *Liard*. 39. *Cavallo d'Aquila*. 63. Bill. et Cuivre. — Ens. 9 p. B.

44 **Louis XII**. *Ecu*. Ecu accosté de porcs-épics. H. 6. Or. TB.

45 Ecu accosté d'hermines; dessous, porc-épic. H. 9. Or. B.

46 *Douzains*. 20. 32. 33. *Sixain*. 27. *Dizain*. 39. *Double tournois*. 41. *Denier*. 45. Bill. 10 p. En général. B. *Refrappe* du ducat de Naples. Arg. — Ens. 11 p.

47 **François I**. *Ecu*. Croix cantonnée de 2 F et 2 lis. H. 4. Or. B.

48 *Ecu à la croisette*. Croisette dans une rosace. H. 12. Or. TB.

49 *Ecu du Dauphiné*. Champ écartelé. ℟. Croix. H. 19. Or. TB.

50 *Teston*. 42. Lyon. *Teston du Dauphiné*. 53. Arg. 2 p. B.

51 *Demi-teston*. 43. Variété. Arg. TB.

52 *Demi-teston*. Champ écartelé de France-Dauphiné. 55. Arg. TB.

53 *Teston*. Ecu dans une rosace. 59. Arg. B.

54 *Demi-teston*. Buste barbu, couronne radiée. Fr. à Lyon par François Guilhen. 82. Arg. TB. Rare. *Voyez planche*.

55 *Teston*. 59. fruste. Autre. 88. *Douzains, dizain, doubles, liards*. Arg. et Bill. 12 p. La plupart B.

56 **Henri II**. *Double Henri*. Buste à dr. ℟. Croix de 4 H cantonnée de 2 lis et 2 croissants. Rouen, 1557. H. 23. Or. TB. Rare. *Voyez planche*.

57 *Teston* et *demi-teston* au buste couronné. 32 et 34. Arg. 2 p. B.

58 *Teston* au moulin. Tête laurée à dr. 1553. Paris. 40. Arg. TB.

59 — Buste lauré. 1558. Paris. 57. *Demi-teston*. 58. Doré. Arg. 2 p. AB. et B.

60 *Testons* et *demi-teston* variés. Arg. 5 p. *Imitat.* cuivre argenté. — Ens. 6 p. B. et TB.

61 *Parpaillole* de Sienne. La Louve. 1557. H. 97. Billon. TB. Rare.

62 *Demi teston*. 66. *Gros et demi-gros de Nesles*, 70 et 72. *Douzains*. Arg. et Bill. 9 p. La plupart B.

63 *Testons* au buste de Henri II, fr. en 1560 (François II) et 1561 (Charles IX). Arg. 3 p. B. et TB.

64 **François II** et *Marie Stuart*. Gros d'Ecosse. 1560. H. 3. Arg. B. Rare.

65 **Charles IX**. *Ecu au soleil*. 1575. La Rochelle. H. 3. Or.

66 *Teston* et *demi-teston* aux C couronnés. 10 et 11. Arg. 2 p. TB.

67 *Teston* aux K. 15. *Teston* du Dauphiné, 17. Arg. 2 p. TB.

68 *Testons*. 10, 12, 18. *Sol* et *doubles*. *Douzain*. Arg. et Bill. 9 p. La plupart B.

69 **Henri III**. Testons (2 p.). *Franc, demi* (5 p.) et *quart*. Arg. 9 p. B.

70 *Quart* (2 p.) *huitième* (2 p.) d'écu. *Gros, douzains, liard, deniers* et *doubles Tournois*. *Franc* de Navarre. 1585. Arg., Bill. et Cuivre. — Ens. 18 p. B.

71 **Charles X**. *Quart* (2 p.) et *huitième* d'écu. *Douzain, double Tournois*. Arg., Bill. et Cuivre. — Ens. 6 p.

72 **Henri IV**. *Quart* (8 p.) et *huitième* (5 p.) d'écu. Arg. 13 p. B. et TB.

73 *Demi-franc*. 3 p. variées. Arg. B.

74 *Quart de franc*. Lyon. *Demi-franc* au lis. Villeneuve. 95. Arg. 2 p. B.

75 *Douzains*. *Deniers tournois*. Bill. et cuivre. 11 p. B. et TB.

76 *Piéfort* du denier Tournois. Paris. 1607. Tranche cannelée. 80. Cuivre. TB. *Voyez planche*.

77 **Louis XIII**. *Ecu au soleil*. Ecu de France. ℟. Croix feuillue. Lég. entourées d'un double grenetis. 1615. St-Lô. H. 2. Or. TB. Rare. *Voyez planche*.

78 Croix tortillée. 1643. Amiens. H. 6. Or. TB.

79 *Double louis*. Tête laurée à dr. ℟. Croix de 8 L. 1640. Paris. H. 20. Or. TB. Rare.

80 *Louis*. Type du précédent. 1640. Paris. H. 22. Or. TB.

81 *Demi-louis*. Tête laurée à dr. Mèche longue. Paris. 1642. H. 24. Or. TB.

82 *Quart* (4 p) et *huitième* (4 p.) d'écu. Arg. 8 p. variées B et TB.

83 *Demi-franc*, buste avec fraise, 60; buste avec col, 72. Arg. 2 p. B.

84 *Quart de franc*. 1615. Buste à la tête nue, avec fraise. Comp. H. 62. Arg. Rare. *Voyez planche*.

85 *Ecu* ou louis du 60 sols. Buste lauré, drapé. 87. Arg. TB.

86 *30* et *15 sols*. Même type. 88. 89. Arg. 2 p. TB.

87 *Ecu* de 60 sols. Buste lauré, drapé, cuirassé. 91. Arg. TB.

88 *30, 15, 5 sols*. Même type. 94. 97. 100. Arg. 3 p. TB.

89 *Essai* de 15 deniers. 115. Arg. *Douzains*, *obole* de Béarn, *doubles* et *deniers* tournois. Bill. — Ens. 8 p. B. et TB.

90 **Louis XIV**. *Louis*. Tête jeune à dr. mèche courte. 1653. H. 12. Or. TB.

91 *Lis*. Deux anges soutenant l'écu de France. 1656. Paris. H. 20. Or. TB. Rare. *Voyez planche*.

92 *Louis*. Tête juvénile nue à dr. 1670. Paris. H. 24. Or. TB.

93 Variété. Autre tête. 1670. Paris. H. 26. Or. TB. *Voyez planche*.

94 *Louis*. Tête laurée. ℟. Ecu de France. 1690. H. 29. Or. B.

95 *Demi-louis.* Mêmes types. 1690. Paris. H. 30. Or. TB. Rare.
Voyez planche.

96 *Demi-louis.* Tête laurée. ℟. Quatre L en croix cantonnée de 4 lis. H. 34. Or. B.

97 *Louis.* Tête vieillie. laurée à dr. ℟. Croix de 8 L. 1709. Paris. H. 42. Or. TB.

98 *Quart* d'écu. 44. 48. 51. Arg. 3 p. B. et TB.

99 *Ecu. demi* et *quart d'écu.* meche courte. 55, 60. 61. *30* et *15 deniers.* 69, 70. Arg. 5 p. TB.

100 *Ecu: demi. quart. douzième.* mèche longue. 74. 76. 77. 78. Arg. 4 p. TB et FDC.

101 *Ecu* de Navarre. 79 et *douzième.* 82. *Douzième* de Navarre Béarn. 86. Arg. 3 p. B. et TB.

102 *Ecu* de Navarre Béarn. 89. Arg. B.

103 *Lis* émis pour 20 sols. Buste juvénile. ℟. Croix de 8 L cantonnée de 4 lis. 92. Arg. B. Rare.

104 *Ecu. demi. quart. douzième*: buste juvénile. 102. 103. 104. 105 *4* et *2 sols.* 106. 107. Arg. 6 p. B. et TB.

105 *Ecu* de Navarre. Buste juvénile. 108. Arg. B.

106 *Ecu* de Navarre Béarn. Buste juvénile. 109. Arg. B.

107 *Ecu* du Parlement. Buste avec cravate. 113. Arg. TB.

108 *Demi* et *douzième.* Même type. 114 et 116. Arg. 2 p. TB.

109 *Ecu.* Buste drapé. ℟. Ecu de France, 123. Arg. TB. mais rayé.

110 *Ecu* dit Carambole. Ecu écartelé de France Bourgogne. 128. Arg. B.

111 *Demi. quart. huitième. seizième* de l'écu Carambole. 129, 130. 131. 132. Arg. 4 p. B. et TB.

112 *Ecu* aux 8 L. 1690. Amiens. 133. Arg. TB.

113 *Demi. quart. douzième.* 134. 135. 136. *4 sols*, 138. Arg. 4 p. B. et TB.

114 *Ecu* et divisions, mêmes types. Arg. 5 p. B. et TB.

115 *Ecu: demi. quart. douzième.* Ecu de France cerné de palmes. 140. 141. 142. 143. Arg. 5 p. B. et TB.

116 *Ecu* et *demi écu* carambole aux palmes, 148, 149. Arg. 2 p.

117 *Ecu. demi. quart. douzième* d'écu aux insignes, 153. 154. 155, 156: *20. 10* et *5 sols.* 171. 172. 173. Arg. — Ens. 10 p. B. et TB.

118 *Ecu. demi. huitième* d'écu aux 8 L. 174. 175. 177. Arg. 3 p. B. et TB.

119 *Ecu* (2 p.), *demi, quart, dixième* d'écu aux trois couronnes, 187, 189, 190, 191. Arg. *Liard.* 205. *Seizain* de Barcelone. *Demi Seizain* de Vich. 265. 270. Bill. et cuivre. — Ens. 8 p. B. et TB.

120 *33 sols* de Strasbourg. 286. Arg. *20, 10, 5 sols*, du siège de Lille. 1708. Cuivre. — Ens. 4 p. B. et TB.

121 *Landau*, assiégé par les Français. 1713. Uniface rectangulaire, coins abattus, aux armes du duc de Wurtemberg. [illegible] Arg. TB.

122 *Liards*, lettres monétaires variées : *deniers ; tournois*. Double tournois de *Louis XIII*, etc. Un lot.

123 **Louis XV**. *Double louis de Noailles*. 1718. Lille. H. 6. Or. B.

124 *Louis croix de Malte*. 1718. Aix. H. 9. Or. B.

125 *Louis aux deux L.* 1722. H. 11. Or. B.

126 *Double louis mirliton*. Deux L cursifs enlacés. 1723. Paris. H. 13. Or. TB. Rare. *Voyez planche.*

127 *Louis mirliton*, 1723. Lille. H. 14. Or. B.

128 *Louis aux lunettes*, 1726. Paris. H. 16. Or. TB.

129 *Demi-louis aux lunettes*, 1726. Lille. H. 17. Or. TB.

130 *Double louis au bandeau*, 1744. Paris. H. 18. Or. TB.

131 *Louis au bandeau*, 1742. Lille. H. 19. Or. B.

132 *Ecu* vertugadin. 1717. Lille. 26. Arg. TB.

133 *Demi, quart, dixième* d'écu vertugadin. 28. 29. 30. *Louis* d'argent, 33. Arg. 4 p. B. et TB.

134 *Ecu, quart* et *dixième* d'écu de Navarre. 34. 36. 37. *20 sols* et *10 sols*, 38. 39. Arg. 6 p. B. et TB.

135 *Ecu, tiers, sixième, douzième* d'écu de France. 40. 42. 43. 44. Arg. 4 p. B. et TB.

136 *Ecu aux 8 L.* émis pour 4 livres. 45. Arg. Très beau.

137 — Autre. *Demi, quart, huitième* d'écu aux 8 L. 45. 46. 47. 48. Arg. 4 p. TB.

138 *Ecu* aux lauriers et divisions. 50. 51. 52. 53. 54. Arg. 5 p.

139 *Ecu* au bandeau, 1742. Amiens. 56. Arg. TB.

140 — Autre. Arg. et cliché en étain du même. *Demi écu*. 24, 12 et *6 sols* au bandeau. 58, 59, 60, 61. Arg. — Ens. 6 p. B. et TB.

141 *Ecu, 24* et *12 sols*, tête vieille. 62. 65. 66. Arg. *Liard. Double sol*, 68. Bill. — Ens. 6 p. B. et TB.

142 *Demi-écu*. Tête vieille. 1772. Nantes. 64. Arg. TB. Rare.

143 *Colonies*. Isles du Vent. 12 et 6 sols. Livre d'argent. Fanam, double et demi. Cayenne, etc. Arg. et cuivre. 16 p. B. et TB.

144 **Louis XVI**. *Double louis*. Buste habillé. 1775. H. 2. Or. TB.

145 *Double louis*. Buste nu. 1786. H. 5. Or. B.

146 *Louis*. Type du précédent. 1789. H. 6. Or. TB.

147 *Louis* de Calonne. 1787. Essai. Tranche cannelée. 34. Arg. TB. Rare. *Voyez planche.*

148 *Ecu* de Calonne. 1786. Essai, tranche inscrite. 37. Arg. Très beau. Rare.

149 *Ecu* aux lauriers et divisions. 12. 13. 14. 15, 16. *6 sols* Louis XV daté 1779. Arg. 6 p. *Sol, demi sol, liard. Colonies.* 2 et 3 sols, essai de Guiquero, fanam. Bill. et cuivre. — Ens. 15 p. La plupart TB.

150 *Louis Constitutionnel.* 1793. Paris. H. 59. Or. TB.

151 *Ecu, demi écu, 30, 15 sols* constitut. Arg. 5 p. B. et TB.

152 **République**. *24 livres*. 1793. Paris. Hennin 597. Or. B.

153 *Monnaies, monnerons, essais* divers. 26 p. Etain. Cuivre. B. et TB.

154 — Autre lot analogue. Cuivre. 30 p. B. et TB.

155 *Essais* en métal de cloche, Mirabeau, Dixains, etc. 6 p. B. et TB.

156 *20, 10, 5 sols* de Lefebvre et Lesage. *20, 5 sols* de Potter. Arg. 5 p. B. et TB.

157 *Essai* de Brézin. 1792. Liberté assise à g. Hennin 455. Br. TB.

158 *Ecu* de six livres au Génie. 1793. Arg. 2 p. AB. et TB.

159 **Consulat**. *40 francs*. Tête de Bonaparte. ℟. RÉPUBLIQUE FRANÇAISE. Paris, an 12. Or. TB.

160 *20 francs*. Même type. Paris, an 12. Or. B.

161 *Cinq francs*. an 8. Bordeaux. Arg. TB.

162 *Essai* d'Andrieu. IVe année du Consulat. Tête de Bonaparte. Arg. TB.

163 Essais divers de Lorthior, Gengembre, Gatteaux. Etain et Cuivre 7 p. B. et TB.

164 *5 francs*. an XI. an 12. *2 francs*. an 12. *1 franc*. an 12. *Demi franc*. an XI, an 12. *Quart*. an 12. Arg. 7 p. B. et TB.

165 **Empire**. *20 francs* NAPOLÉON EMPEREUR. Tête nue à g. ℟. RÉPUBLIQUE FRANÇAISE. Paris, an 12. Or. TB.

166 — Autre. Tête de Droz. Paris, 1806. Or. TB.

167 *40 francs*. Tête laurée à g. ℟. EMPIRE FRANÇAIS. Paris, 1812. Or. TB.

168 *20 francs*. Même type. Paris, 1812. Or. TB.

169 — Autre. Lille. 1815. Or. B.

170 5 *francs*, an 12. NAPOLÉON EMPEREUR. Tête nue à dr. ℞. RÉPUBLIQUE FRANÇAISE. 2 *francs*. Même type. *Essai* de Gengembre. Arg. 3 p. AB. B. et TB.

171 5 *francs* : même lég. autre tête, an 13. 2 *francs*, an 13 et 1806. *Franc*, an 13 et 1807. *Demi*, an 13. *Quart*, an 13 et 1806. Arg. 8 p. TB.

172 2 *francs*, *demi* et *quart*, 1807. Tête de nègre. Arg. *Essai* de 0,10, 1806, par Tiolier. Arg. et Cuivre. — Ens. 4 p. B. et TB.

173 *Projet* de 100 fr. Buste de trois quarts de face par VASSALO, 1807. Bronze. TB.

174 5 *francs*, 1808. NAPOLÉON EMPEREUR. Tête laurée à dr. ℞. RÉPUBLIQUE FRANÇAISE. 2 *francs*. *Franc*. *Demi*. 1808 *quart*, 1807. Même type. Arg. 5 p. B. et TB.

175 5 *francs*, 1811. ℞. EMPIRE FRANÇAIS. 2 *francs*, 1812. *Franc*. *Demi* 1813. *quart*, 1807 Arg. 5 p. TB.

176 5 *Francs*, 1813. Utrecht. Arg. B.

177 5 *francs*, 1815. Paris. Arg. TB.

178 — La même piece. B.

179 2 *francs*, 1815. Paris. Arg. TB.

180 10, 5 cent. Cuivre. *Napoléon, roi d'Italie*. 5, 2, 1 lire ; 10, 5 soldi. Arg. Soldo, 1807, 1813 ; 3 cent. 1808, 1813 ; 10 cent. 1809. Cuivre. — Ens. 14 p. B et TB.

181 *Républiques Etrangères*. Italie délivrée à Marengo. An 9. Or. TB.

182 République Cisalpine. Scudo di lire sei, an VIII. Arg. Tres beau.

183 — Piémontaise. Demi-scudo. An VII. Arg. Très beau.

184 — Romaine. Scudo Romano. Arg. TB.

185 — Napolitaine. Carlini dodici. An 7. Ligurienne. Lire 8. 1798. Arg. 2 p. B.

186 — Vénitienne. Lire dieci Venete 1797. Arg. TB.

187 — Gènoise. 8, 4, 2 lire, 10 soldi. Arg. 4 p. TB.

188 — Génevoise. 12 et 6 florins, 1795. Arg 2 p. B.

189 Gaule Subalpine. 5 francs. Arg. 30 sols. Répub. Cisalpine. 2 sols, rép. Piémontoise. Baiocchi, rép. Romaine Etain. Bill. et Cuivre. — Ens. 7 p. B. et TB.

190 *Guerres, Sièges*. Eichstaedt ; Joseph ; Demi-thaler. Fulda ; Demi thaler d'Adalbert. Arg. 2 p. TB.

191 Maestricht. Ecu de 100 stuyvers. 1794. Arg. TB.

192 Luxembourg. Ecu de 72 asses. 1795. Arg. TB.

193 Gérone. Douro. 1808. Arg. TB.
194 Tarragone. 5 pesetas. 1809. Arg. TB.
195 Majorque. 30 sous. 1808. Arg. TB.
196 Barcelone. 5. 2 1/2. 1 pesetas. Arg. 4 quartos. Cuivre. Ens. 5 p. B. et TB.
197 Cattaro. 5 fr. 1813. Gravé en creux. Billon d'argent. TB. Rare.
198 Zara. Une once. 4 fr. 60. 1813. Arg. TB. Rare.
199 Iles de France et Bonaparte. 10 livres, 1810. Arg. B.
200 Hambourg : 32 schillinge 1809. Arg. Palma Nova : 50 cent. 10 et 5 cent. d'Anvers. 1814. Décimes de Strasbourg. 1814 et 1815. Cuivre. — Ens. 12 p. B. et TB.
201 *Napoléonides*. Marie-Louise. duchesse de Parme. 5. 2. 1 lire; 10. 5 soldi. Arg. 5 p. B. et TB.
202 Charles-Louis et Marie-Louise d'Etrurie. Écu de Florence. 1804. Arg. TB.
203 Joseph. roi de Naples. 120 grani. 1808. Arg. B.
204 — Roi d'Espagne. 80 réaux. 1811. Or. B.
205 20 réaux. 1809: 4 réaux. 1810. Arg. 8 maravédis, Cuivre. 320 reaux. Etain. — Ens. 4 p. B. et TB.
206 Élisa et Félix de Lucques. 5 franchi. 1805. 1807. Franco. 1808. Arg. 3 p. B.
207 Louis de Hollande. Ducat au chevalier debout. 1809. Or. TB.
208 50 stuyvers. 1807. signé GEORGE F. Arg. TB. Rare.
209 Pieces de cuivre pour les Indes. Java. 1807. 1808. 1810, 1811. 6 p. TB.
210 Murat, grand duc de Berg. Petit écu. 1806. Arg. TB. Rare.
211 — Roi des Deux-Siciles. 12 carlins. 1810. Arg. B.
212 5. 2. 1. 1/2 lire. Arg. 3 grana. 2 soldi d'Etrurie. 5 cent. de Marie-Louise. 3 stuber de Murat. Cuivre. — Ens. 8 p. B.
213 Jérôme de Westphalie. 20 Frank. 1808. Or. B.
214 10 Frank. 1813. Or. B.
215 5 Frank. 1813. Or. B.
216 Thaler. 1813. 2/3 de thaler. 1812. Arg. 2 p. TB.
217 2 frank. Arg. Divisionnaires. Berthier de Neufchatel. batz. demi et kreutzer. Bill. et cuivre. — Ens. 12 p. B. et TB.
218 *Les Alliés*. François I d'Autriche, ange de Paix. Paris, 1814. Module de 5 fr. Tr. inscrite. Arg. TB. Rare.
219 — Module de 2 fr. Tr. inscrite. Arg. et tr. lisse. Cuivre. Frédéric-Guillaume de Prusse. mod. de 2 fr. Tr. lisse. Cuivre. — Ens. 3 p. TB.

220 *Napoléon II.* 2, 1, 1/2, 1/4 francs, 5, 3, 1 cent. Cuivre. TB.

221 **Louis XVIII.** *20 francs.* Buste habillé. Lille. 1814. Or. TB.

222 *5 francs.* 1814. Paris. Arg. FDC.

223 *5 francs.* 1815, 1816; *2 francs.* 1817; *1 franc.* 1824; *demi.* 1824; *quart.* 1824. Arg. 7 p. TB.

224 *Module de 5 fr.* Visite du Cte d'Artois à la Monnaie de Marseille, 1814. Arg. B.

225 Visite du duc de Berry à la Monnaie de Lille, 1814; — de Paris, 1817. *10* et *5 cent.* Colonies. *Essais* de 10 fr. *30* et *12 sols* d'Aniche. Cuivre et Bill. 10 p. TB.

226 **Charles X.** *40 francs.* Paris. 1830. Or. TB.

227 *20 francs.* Paris 1830. Or. TB.

228 5, 2, *1*, *1/2* et *1/4 francs.* Arg. *Colonies. Essais.* Etain et Cuivre. — Ens. 14 p. TB.

229 *5 francs.* ℞. Incus. *Module de 5 francs.* Visite de S. M. à la Monnaie de Lille, 1827. Arg. Le Roi et la Reine des Deux-Siciles à la Monnaie de Paris, 1830. Cuivre. — Ens. 3 p. B et TB.

230 **Henri V.** *5 francs.* 1831. *Franc.* 1831. *Demi.* 1833. *5 cent.*, 1832. Arg. 4 p. TB.

231 **Louis-Philippe.** *20 francs.* 1831. Paris. Or. Très beau.

232 *5 francs.* 1830, 1848. *2 francs.* 1848. *Franc.* 1831, 1846. *Demi.* 1832. *Quart.* 1844. *50 cent.*, 1846. *25 cent.*, 1848. Arg. 9 p. *Essais.* Refonte des monnaies, etc. Cuivre, Carton. — Ens. 20 p. B et TB.

233 *Module de 5 francs.* S. M. visite la Monnaie de Rouen. 1833. Arg. et Cuivre. *Colonies.* Arg. Bill. et Cuivre. — Ens. 9 p. TB.

234 **République de 1848.** *20 francs* au Génie. Paris. Or. TB.

235 *20 francs.* Tête de Cérès, 1850. Or. TB.

236 *5 francs* à l'Hercule. 1848. Arg. 2 p. B et FDC.

237 *5 francs.* 1849, 1850. 2, 1 *francs.* 1849. *50*, *20 cent.*, 1849, 1850. Arg. 7 p. TB.

238 *Concours monétaire.* Essais divers. Piéfort. Cuivre et Etain. 25 p. TB.

239 **Napoléon III.** *1 franc.* 1860. Essai. Arg. FDC.

240 *50 cent.* 1861. Essai. Tr. lisse. Arg. FDC.

241 *Module de 0,10 et 0,05.* Visite à Lille. Pièces satiriques. **Napoléon IV.** *50 cent. 10 cent.* Arg. et Cuivre. 8 p. TB.

242 3e République. *5 francs* 1889. Or. TB. Très rare.
Voyez planche.

243 *2 francs. 1 franc.* 1914. Castelsarrazin. Arg. 2 p. FDC. Rares.

244 *25, 10 cent.* 1914. Nickel. FDC.

245 *Essai* de 25 cent. par Delpech. 1914. Nickel. FDC.

246 *Colonies.* Essais de 1 franc pour La Réunion. *1896.* 2 p. variées. Melchior. TB.

247 Monnaies coloniales diverses. Arg. 16 p. Nickel. 3 p. Cuivre. 11 p. La plupart TB.

248 **Guerre Européenne.** *Gand.* 5 francs. 1917. 1918. 2 fr., 1 fr., 0 fr. 50. Ens. 7 p. Bi-métal. TB.

248 *bis* Lot de pièces non cataloguées.

JETONS

249 *Clémence de Hongrie,* femme de Louis X. DES QTES LA ROINNE. Écu mi-parti. ℟. Couronne. Cuivre. TB. Très rare.
Voyez planche.

250 *Jeanne d'Evreux,* 3e femme de Charles IV. + QUI TROP EN SON CVIDIENSEHIE. Croix dans un quadrilobe. ℟. ÷ DE CEVS EN EST A LA FIE A. Buste de la Reine. Cuivre. Très belle pièce, de la plus grande rareté. *Voyez planche.*

251 *Jeanne de Bourgogne,* 1ère femme de Philippe VI. AMN CBVGN MOND. Écu parti de France et de Bourgogne. ℟. TP RS RIT CLR. Croix dans un quadrilobe. Cuivre. TB. Très rare.
Voyez planche.

252 *Blanche de France,* femme de Philippe duc d'Orléans. + GETOIRS DE MADAME. Croix. ℟. LA DVCHESSE DORLIENS. Écu semé de lis. Cuivre. TB. Très rare. *Voyez planche.*

253 *Lot.* Jetons divers de Reines. 10 p. Cuivre. B. et TB.

254 *Conseil du Roi.* François I. Salamandre et F couronné. ℟. Trois lis dans un trilobe. Arg. TB. Extrêmement rare.
Voyez planche.

255 *Henri II.* NIL NISI CONSILIO. Trois lis entourés de trois croissants. ℟. DONEC... etc. Cuivre. TB.

256 Types variés, années 1592, 1642, 1650, 1653, 1654, 1657, 1659, 1661. Cuivre. 10 p. B. et TB. Lot à diviser.

257 Autres. Henri III. Louis XIII. Louis XIV. Cuivre. 6 p. TB.

258 *Grand Conseil.* [illegible]. *Huissiers* au Gd Conseil. [illegible]. *Grande Chancellerie.* 1618. 1636. Cuivre 4 p. B. et TB.

259 *Secrétaires du roi.* 1579. Cuivre. TB.

260 *Secrétaires du roy des LXVI et XLVI.* 1654. Cuivre. TB. Très rare.

261 *Huissiers Commissaires-priseurs.* Tête de L. XV. Cuivre. TB.

262 *Conseillers du roi agens de change.* 1777. Buste de Louis XVI à g. signé J. P. DROZ F. Arg. TB. Très rare.

263 *Chambre des comptes*, XIVe siècle. + GETOIRS DE LA CHAMBRE. Écu à deux fasces R̷. + DES COMPTES LE ROY. Croix. Cuivre. TB. Jolie patine verte. Très rare et de qualité exceptionnelle.

Voyez planche.

264 *Pierre de Berne*, maître de la Chambre aux deniers, XIVe siècle. GIETOIRS PIERRE DE. Couronne et deux clefs. R̷. BERNE autour d'une croix. Cuivre. TB. Rare.

265 *Pierre de Rochefort.* Même type. R̷. ROCHEFORT. Cuivre. TB. Rare.

266 *Antoine de Bourbon Vendôme*, comte de Marle. Écu de Bourbon. R̷. Griffon. Cuivre. Très beau et rare. *Voyez planche.*

267 *Chanteprime*, maître à la chambre des comptes. GETTES LE COMPTE AV VRAI. Son écu. R̷. AVE MARIA GRACIA PLE. Croix. Cuivre. B. Très rare.

268 *Claude de la Croix*, seign. de Plancy, maître de la chambre des comptes. IN CRVCE DNI GLORIOR. Écu. R̷. VRITVR IGNE GRAVI. I sur des flammes dans un cœur. Cuivre. TB. Rare.

269 *Charmolue.* + IAQVES : CHARMOLVE : CHANGEVR : DV TRESOR. Son écu R̷. + ET : NOTAIRE : ET : SECRETAIRE : DV : ROI : NRE SR. Champ semé de I F. Arg. TB. Très rare. *Voyez planche.*

270 *Pierre de Favières*, conseiller du roi et avocat au Parlement. Ses armes. R̷. SVR AMOVR ET FEAVTE. Double colonne torse supportant un édifice et accostée de deux mains. Cuivre. Très beau et fort rare.

271 *Fleuriau d'Armenonville*, garde des Sceaux. 1722. Arg. TB. Rare.

272 *Rabot d'Ombreval*, lieut. général de police. 1725. Cuivre. TB.

273 *L. J. M. de Bourbon.* Marine. 1741. Arg. FDC.

274 *La Meilleraye*, duc de Mazarin, gd maître de l'artillerie. Ses armes. R̷. LODOICI VOX METVENDA. 1668. Canon. Cuivre. FDC.

275 *Daillon.* ARTILLERIE DE FRANCE. Armes de Daillon, comte puis duc de Lude. R̷. Trophée. 1682. Cuivre. TB.

276 *L. Aug. de Bourbon*, duc du Maine. Artillerie. REGIT IMPERIIS ET FULMINE. Trophée. Cuivre. TB.

277 NON PASSUS INERTES. Mortiers bombardant une forteresse. A l'ex. ECOLE D'ARTILLERIE. 1727. Cuivre. Très beau. Rare.

278 *N. D. de Paris*. AVE MARIA GRA PLENA. La Vierge. ℟. HORE. Méreau du XVe. Cuivre. TB. Rare.

279 *Ste Chapelle*. + CAPELLA REGALIS. Croix. ℟. PALACII PARISIENSIS. Dans le champ XII. Cuivre. Méreau. TB.

280 *St Jacques de l'Hôpital*. Coquilles. Méreau. Cuivre. TB. Rare.

281 *Anzin*. Mines. Cuivre. Grand et petit module. B. et TB.

282 *Artois*. Etats. Louis XIV et XV. Cuivre. 9 p. variées. TB.

283 *Bourges*. St Etienne. Méreau. Cuivre. TB. Rare.

Voyez planche.

284 *Cambrai*. Chapitre de la cathédrale. Méreau. Cuivre. TB.

285 *Bordelais. Saintonge*. Méreau protestant. Berger. Plomb. TB.

286 *Bourgogne*. Ferrand, intendant, 1701, 1705. 2 p. Cuivre. TB.

287 Etats; maires de Dijon. Cuivre. B et TB. Lot à diviser.

288 DIRECTOIRE DE BOURGOGNE. Phénix. Signé MERLEN F. Ecu portant une tête de mort avec M. O. Æ. Non décrit dans le Trésor Num. Révol. et Empire. Arg. TB. Très rare. *Voyez planche.*

289 *Bretagne*. Etats, Dates diverses. L. XIV, XV et XVI. Arg. 10 p.

290 *Châlons*. PROTECTORES MONETE CATHALANECIS. Targe aux armes du comte de Champagne. ℟. VIAS TVAS DOMINE DEMONSTRA MICHI. Pèlerin allant à g. Cuivre. Charmante pièce, extrêmement rare. Bord martelé, mais conservation parfaite et jolie patine.

Voyez planche.

291 *Cosne*. Notaires. 1835. Tables, balances, etc.; dessous MDCCCXXXIII, signé BEUGÉ. Oct. Arg. TB. Inédit, extrêment rare.

Voyez planche.

Gillet, Boudeau n'ont connu pour Cosne que le jeton au type du gnomon.

292 *Craon*. Amaury IV. GETOIRS DES CONTES. Croix coupant la légende et cantonnée de lis. ℟. + FAIT POVR LE SIRE DE CRAON. Ecu. Cuivre. Très beau. De la plus grande rareté.

Voyez planche.

293 *Evreux*. Charles le Noble, roi de Navarre. AVE MARIA GRACIA PENA D. Ecu mi-parti. ℟. PATER NOSETR QVI ES IN CE. Croix arquée fleurdelisée. Cuivre. Très beau, jolie patine. Rare.

Voyez planche.

294 *Franche-Comté*. Co-gouverneurs de Besançon. Prise de Besançon, de Dôle, etc. Cuivre. En général TB. Lot à diviser.

295 *Languedoc*. États. 1651, 1659, 1678, 1698 et Bonzi. Cuivre 5 p. TB.

296 — 1716. QUAM DIGNE COLITUR. Lis Arg. B. Rare.

297 — 1729. Génie tenant l'écu de Languedoc. Arg. B. Rare.

298 — 1737. Iris sur l'arc en ciel. Arg. TB. Rare.

299 — 1741. Ecu dans un cartouche. Arg. TB.

300 — 1746. L'Histoire assise à g. Arg. TB. Rare.

301 — 1767. Ecu dans un cartouche. Arg. FDC.

302 — 1775. Même type varié. Arg. TB.

303 — 1780. Autre variété. Arg. TB.

304 — 1790. Variété signée GATTEAUX. Refrappe. Arg. TB.

305 — *Lorraine*. *Antoine*. Dextrochère tenant une épée. Arg. TB. Petit trou. De la plus grande rareté. *Voyez planche*.

306 Jetons divers de Lorraine, Metz, Nancy. Cuivre. B. et TB.

307 *Lyon*. Gaspard Charrier, 1665. Ses armes. ℟. Navire (Voir Poncet nº 16, en cuivre). Arg. TB. Extrêmement rare.

Voyez planche.

308 *Mantes*. Petit Méreau avec MA. Cuivre. TB. Rare.

309 *Notaires*. Louis XVIII. B. 204. Cuivre. TB. Rare.

310 *Melun*. Notaires. L. XVIII. B. 221. Cuivre. TB. Rare.

311 *Metz*. Fouquet, duc de Belle-Isle, fond. de l'Académie, 1760. Buste à g. ℟. Trois génies. Arg. FDC. Très rare.

312 *Montbrison*. Armes Impériales. ℟. Gnomon. 1812. B. 229. Trésor Num. LIV. 2. Arg. TB. Rare.

313 *Neuchatel*. Henri d'Orléans, duc de Longueville. Ses armes. ℟. Les allées de Colombier, 1657. Arg. TB. rare.

Voyez planche.

314 *Orléans*. Notaires. Tête de L. XVI, DE VIV. B. 271. Arg. TB. Rare.

315 *Salins*. Saunerie. Ecu parti de Wouters et de Bours. ℟. Armes de la comtesse Marguerite. Cuivre. B.

316 — Autres. 1540, 1557, 1588 et sans date. Cuivre. 4 p. B. et TB.

317 *Turenne*. Méreau des mines. 24 S. Cuivre. TB.

318 *Lot*. Jetons du Moyen Age. Cuivre. B. et TB.

319 Jetons divers en cuivre. En général TB.

310 Jetons divers, anciens et modernes. Argent. TB.

321 Jetons de notaires. Arg. TB.

322 Jetons d'assurances. Arg. TB.

AR 2
OR 12
OR 18
OR 22
Æ 76
OR 17
OR 19
OR 54
AR 54
OR 77
OR 56
OR 79
OR 91
OR 95
OR 93
OR 126
OR 242
AR 147

AR 269 — Æ 249 — AR 254 — Æ 250 — AR 305

Æ 252 — AR 313 — Æ 292 — Æ 266 — Æ 293

Æ 263 — Æ 290 — AR 288 — Æ 251 — Æ 283

AR 291 — AR 307

IMPRIMERIE G. CHAUFOUR
[illegible], RUE MILTON, PARIS

www.ingramcontent.com/pod-product-compliance
Ingram Content Group UK Ltd.
Pitfield, Milton Keynes, MK11 3LW, UK
UKHW020232180726
13838UKWH00005B/2338